DE
L'ESPRIT
DE PARTI.

DE L'ESPRIT DE PARTI,

DIALOGUE DU POETE ET DE SON AMI.

Chacun devient auſſi eſclave des penſées de ſa faction qu'il le feroit d'un deſpote. (*Eſprit des loix.*)

M. DCC. LXXV.

DE L'ESPRIT DE PARTI,
DIALOGUE
DU POETE ET DE SON AMI.

L'AMI.

ALcippe eſt, je l'avoue, un perſonnage unique:
Philoſophe, guerrier, courtiſan, politique.
Que n'eſt-il point? profond, & leger tour à tour
L'oracle des conſeils devient l'homme du jour;
Il poſſéde à lui ſeul tous les eſprits enſemble.

LE POETE.

Tous! c'eſt beaucoup vraiment: mais dans ceux qu'il raſſemble
Il en eſt un de trop, ſoit dit ſans le flatter,
C'eſt l'eſprit de parti qui peut tous les gâter;

Dangereuſe fureur, déteſtable manie,
Qui corrompt les vertus, & flétrit le génie.

L'AMI.

Quel bruſque emportement ! à quoi bon ce courroux ?
Parlons ſans nous fâcher : ça définiſſez-nous
Cet eſprit dangereux qui déplaît tant au vôtre.

LE POETE.

Celui qui nous défend de nous ſervir du nôtre;
Qui dans les factions nous tenant engagés,
Infecte la raiſon de ſes ſots préjugés;
Lui fait voir les objets tels qu'il les voit lui-même:
Qui de ſang froid échauffe, & rend fou par ſyſtême;
Veut que l'homme aveuglé, fuiant ce qui lui plaît,
Soit l'homme d'une ſecte & non pas ce qu'il eſt;
Qui le livre en eſclave à l'erreur menſongere,
Et rend faux ou douteux le vrai qu'il exagere.
En vain je chargerois ce tableau peu fini,
Cet eſprit ne ſeroit qu'à moitié défini;
Des exemples vivans le feront mieux connoître.
Ecoutez Varilas dogmatiſer en maître:
Ennemi de la cour, & du gouvernement
Il ne peut approuver un nouveau réglement;
Ceux qu'à peine on prévoit d'avance il les condamne.

» Turgot est de l'erreur l'instrument & l'organe;
» Toujours dans ses projets loin du but emporté,
» Il ne parle, & n'agit que pour la liberté;
» Il la veut absolue : & quoi qu'il en arrive
» Pour blâmer son système, il permet qu'on écrive».
Telle est de Varilas l'imbécile clameur:
Heureux encore ! heureux ! si dans sa brusque
   humeur,
Condamnant de Turgot la haute intelligence,
Il a pour ses vertus un peu plus d'indulgence.
Peut-être il vous dira qu'à Limoge on le hait,
Que sacrifiant tout à son seul intérêt
Et toujours le couvrant de l'intérêt du prince
De ses concussions il remplit la province.

L' A M I.

Mais comment sur ce point mentir impunément !
De toutes ses cent voix le public le dément :
Que veut donc Varilas ? quelle mouche le pique ?

LE POETE.

Ce qu'il veut ? écoutez ; voici qui vous l'explique.
Chez maint premier commis tout-puissant autrefois
Chez *Bâlot*, par exemple, ou feu Monsieur d'*Armois*,
L'important Varilas admis de préférence
Eut d'un homme en faveur la flatteuse apparence.

Là, des docteurs du tems écoutant les débats,
Il s'eſt fait un avis ſur ce qu'il n'entend pas :
Ailleurs, il répétoit ces leçons politiques,
Et ce bruïant écho des ſottiſes publiques
Etoit ſûr de parler ſans être contredit ;
On diſoit, *je le ſais ; Varilas me l'a dit.*
Cet heureux tems n'eſt plus; tout a changé de forme;
Miniſtres, & commis ſont mis à la réforme,
Leur parti vit encor : Varilas en ſon cœur
En conſerve l'eſprit, ou plutôt la fureur :
D'un avis auſſi ſain, d'une voix auſſi ſûre
Qu'il louoit autrefois, maintenant il cenſure ;
Et l'eſprit de parti qui conduit tous ſes pas
Lui tient lieu pour juger de l'eſprit qu'il n'a pas.

L' A M I.

Orgon l'entend bien mieux : il s'inſtruit, il s'éclaire,
Il fait ſe rendre utile au parti qu'il préfère.
Parle-t-il ? ſes diſcours portent conviction.

L E P O E T E.

Oui ; mais on eſt fâché de voir qu'il ait raiſon.
Sa morgue pedanteſque inſulte à qui l'écoute ;
Gardez-vous, après lui, de propoſer un doute ;
Son avis n'admet point un avis différent ;
Et de la tolérance apôtre intolérant

De la Société détruisant l'équilibre,
Il veut tout asservir en criant, *tout est libre.*
Ces gens, en vérité, sont un peuple de fous;
Sans regret je les quitte, & vous les livre tous:
Laissons-les raisonner, finance, & politique:
Nous; parlons, croiez-moi, de vers & de musique.

L'AMI.

De vers! vous plaisantez : je suis loin, sur ma foi,
D'en parler avec vous.

LE POETE.

Comment donc? hé pourquoi?

L'AMI.

Vous aimez trop Voltaire.

LE POETE.

Eh bien! que vous importe?

L'AMI.

Dès qu'il s'agit de lui le zèle vous transporte ;
Sur tous les écrivains vous lui donnez le pas.

LE POETE.

Ma foi! si je l'ai dit, je ne m'en dédis pas;
Tel est mon sentiment : mais je vous l'abandonne
Et ne prétens, du moins, y soumettre personne.

L'AMI.

Non, non ; vous vous parez d'une feinte douceur,
On vous connoît, on lit au fond de votre cœur ;
Vous tenez, je le fais, à l'Encyclopédie.

LE POETE.

De grace, jouons-nous ici la comédie ?
Dois-je donc, de ce mot au hazard prononcé,
D'une, ou d'autre façon, être toujours bleffé ?
J'ai contre moi Chremès, ce grave méthodifte :
Il trouve que je fuis froid encyclopédifte,
Vous trouvez le contraire : ici trop ? là, trop peu ?
Meffieurs, pour me juger, attendez mon aveu.
Je fuis, comme Sofie, *ami de tout le monde* ;
Hors de tout efprit faux qui dans fon fens abonde
Et vient, fur ce qu'on dit, en toute occafion
Appuyer le tranchant de fa décifion.

L'AMI.

C'eft parler à merveille ; & faire en homme fage
Du bon fens qui vous luit un admirable ufage :
Mais, quoique vous difiez, au chemin des honneurs
Il faut, pour s'avancer, un guide, & des prôneurs :
Avec tant de raifon l'on féduit peu les femmes :
Vous en trouverez cent, dont les fubtiles trames

Et le manége adroit vous feront échouer.
Ne vaudroit-il pas mieux avoir à s'en louer ?

LE POETE.

Ah fripon ! vous tendez un piége à ma franchife ;
Vous voulez que du fexe avec vous je médife :
Non ; s'il eut envers moi quelque tort, bien léger,
Il eft loin de mon cœur de vouloir me venger.
Le fexe aime l'intrigue ; hé bien ! je le lui paffe :
Sans intrigue, après tout, que voulez-vous qu'il faffe ?
Pour des femmes d'efprit, le bel & digne emploi
D'attrouper des oififs en cercle autour de foi !
Dire un mot à chacun, & répéter fans ceffe
Un protocole ufé de froide politeffe ;
Ouïr des complimens, bon Dieu ! qui font pitié !
Ouvrir fon éventail en feuillets replié,
Ou faire, entre fes doigts, badiner la navette !
Fi ! ce font là des jeux d'enfant à la bavette.
Intriguer, cabaler, vaut bien mieux que cela :
Vous fervez celui-ci pour nuire à celui-là.
On va chez le Miniftre, en vifites difcrettes
Reconnaître à huis-clos les graces qu'il a faites ;
Etablir avec lui, par un don mutuel,
De faveurs à faveurs l'échange naturel.
Pour tous fes favoris on parle, on perfuade ;

L'un monte à l'intendance, & l'autre à l'ambaſſade ;
On ſe fait de cliens un corps bien aſſorti,
Tous, gens de même aloi, gens de même parti :
Voilà ce qu'à Paris les femmes doivent faire ;
Tant pis pour l'opprimé ; que ne ſait-il leur plaire !

L' A M I.

Monſieur l'homme de bien, ſi doux, ſi complaiſant,
Vous m'avez l'air ici d'être un mauvais plaiſant.

LE POETE.

Je ne plaiſante point ; c'eſt la vérité pure :
Intriguer, chez le ſexe eſt un don de nature ;
Pour avancer un ſot inepte à tout metier,
Une femme vaut mieux qu'un parti tout entier ;
Laiſſons-leur ce talent où leur adreſſe excelle.
Mais qu'un froid Ariſton, des ſages le modèle,
Lui, qui pour ſa vertu par-tout ſe fait prôner,
De l'eſprit de parti ſe laiſſe empoiſonner !

L' A M I.

Ariſton ! dites-vous ?

LE POETE.

    Oui ; cet homme ſévère,
Ce troiſième Caton que pour tel on révère,
En haîne de Damis il s'eſt fait cabaleur.

De l'esprit de parti tel est donc le malheur !
D'abord on le combat ; bientôt après, on l'aime ;
Pour perdre un intrigant, on le devient soi-même.
J'en vois plus d'un exemple : il faut que devant vous
J'explique la raison de mon juste courroux.
J'attendois une place à mes services due :
Le crédit d'Ariston, & sa brigue assidue,
Au mépris de mes droits l'ont donnée à Criton,
Il exclut son ami pour servir un fripon.
Et savez-vous encor comme il se justifie ?
Il plaint en l'immolant l'ami qu'il sacrifie :
De préférence à tous je l'aurais fait nommer
Dit-il, mais le parti vouloit nous opprimer ;
Nous avions à combattre un puissant adversaire,
Et l'appui d'un fripon nous étoit nécessaire ;
Nous ne pouvions trop cher acheter son secours.
Ciel ! d'un homme de bien sont-ce là les discours ?
Je crois voir un bigot, dans un parti rebelle
Pour un complot inique affecter un saint zèle ;
Et se faisant un droit de troubler tout l'Etat,
Eriger en vertu son pieux attentat.
O rage des partis ! noir esprit des cabales !
Ton absurde fureur est aux vertus morales
Ce qu'est le fanatisme à la religion.
Puissai-je, exemt toujours de ta contagion,

Au fein de l'amitié couler en paix ma vie !
Puiffai-je, entre Damon, Arteniffe, Octavie,
Fuir cet efprit d'aigreur, ennemi du repos,
Qui fait que dans le monde, ainfi qu'en un champ clos,
Il faut être fans ceffe armé pour fe défendre ;
Que les plus querelleurs ont le plus à prétendre ;
Que, *ne céder jamais*, eft la fuprême loi,
Qu'on fe hait à la mort, & fans favoir pourquoi.

F I N.

www.ingramcontent.com/pod-product-compliance
Lightning Source LLC
Chambersburg PA
CBHW061619040426
42450CB00010B/2573